Fritz Neuert

Neues deutsches Schulliederbuch

Sammlung deutscher Volkslieder und volkstümlicher Gesänge, III. Teil. A

(Vierstimming)

Fritz Neuert

Neues deutsches Schulliederbuch
Sammlung deutscher Volkslieder und volkstümlicher Gesänge, III. Teil. A (Vierstimming)

ISBN/EAN: 9783743418141

Hergestellt in Europa, USA, Kanada, Australien, Japan

Cover: Foto ©Thomas Meinert / pixelio.de

Manufactured and distributed by brebook publishing software (www.brebook.com)

Fritz Neuert

Neues deutsches Schulliederbuch

Neues Deutsches Schulliederbuch.

Sammlung
deutscher Volkslieder und volkstümlicher Gesänge

von

Fritz Neuert.

--- III. Teil. A. ---
(Vierstimmig.)

R. Neumann
Verlagsbuchhandlung
Pforzheim (Baden).

Vorwort.

Motto: „Entfache des Geistes Leuchte zu nie geseh'nem Glanz,
Doch pflege du das Herz auch; pflege den keuschen Kranz
Tiefinniger Gefühle; wahre duftig zart
Die Blume deutschen Gemütes im frostigen Hauch der Gegenwart."
(Robert Hamerling.)

Es dürfte etwas gewagt erscheinen, bei der Fülle der Schullieder-Litteratur, die, allerdings neben vielem mittelmäßigen, in Hinsicht auf Auswahl und Anordnung eine Reihe prächtiger und wertvoller Erzeugnisse aufzuweisen hat, mit einer neuen Arbeit auf diesem Gebiete hervorzutreten. Ich will deshalb hier zunächst die Gründe angeben, welche mich dazu veranlaßten, und die Gesichtspunkte, nach denen in meinem Werkchen die Auswahl getroffen wurde.

Es ist eine Erscheinung, die nicht bloß von Schulmännern, sondern von jedem Volksfreunde in den letzten Jahren immer wieder als eine recht betrübende bezeichnet wurde: das schmähliche Verdrängen unseres prächtigen deutschen Volksliedes aus Schule, Familie und Vereinen und das immer stärkere Emporwuchern trivialer Gassenlieder. Unsere Presse, soweit sie hier in Betracht kommt, namentlich aber die hervorragenden Leiter und Ratgeber des Volkes werden nicht müde, diesen Niedergang des deutschen Volksliedes als eines der bedeutungsvollsten Symptome unserer Zeit zu bezeichnen.

Und in der That machen wir die Wahrnehmung, daß zu gleicher Zeit, da das liebe, traute Volkslied die Stelle des Aschenbrödels einnehmen muß, auch die gute deutsche Sitte, das einst so mächtig wirkende, die Nation stützende und schützende Familienleben, die Freude an sinniger Naturbetrachtung, der Sinn für reine Liebe, der gerade im Volkslied so duftig schön zum Ausdruck kommt, die schlichte, tiefe Religiosität, die Begeisterung für das Vaterland, — kurz, die idealen Güter des Volkes in erschreckendem Niedergang begriffen sind.

Den Ursachen dieser Erscheinungen auf den Grund zu gehen, ist hier nicht meine Aufgabe. Wie es aber Pflicht jedes national fühlenden deutschen Mannes ist, an seiner Stelle mit ganzem Können den Untergang des bewährten Alten zu verhindern und gleichzeitig jeder lebensfähigen Schöpfung der Neuzeit freie Bahn zu geben, so hat auch die Schule die heilige Pflicht, sich ihrer Aufgabe als Erzieherin des Volkes stets bewußt zu sein, alles abzuwenden, was ihm schadet, und alles zu bieten, was die Volksseele gesund erhält. Und hier ist es vor allem das Lied, durch das sie am erfolgreichsten zu wirken vermag.

In demselben Maße, als das in der letzten Zeit aufgekommene seichte und schlüpfrige Tingeltangellied in der breiten Masse des Volkes sein jeweils kurzes Dasein fristet, um gleich wieder von einem andern, womöglich noch geschmackloseren, abgelöst zu werden, geriet das aus dem Herzen des Volkes geborene Volkslied in schmähliche Vergessenheit. Ihm besonders ist in vorliegendem Buche wieder das gebührende Recht zuteil geworden, und es dürfte gerade dieser Umstand vielleicht als ein Vorzug des Werkchens bezeichnet werden.

Daß sich in dem unermeßlichen Reichtum der neueren Liederschöpfungen auch sehr wertvolle Arbeiten finden, die es verdienen, in Schule und Familie eine bleibende Pflegestätte zu finden, ist eine gewiß unbestrittene Thatsache, und es wurde deshalb einer stattlichen Anzahl solcher Lieder Aufnahme gewährt. Ich erachte es als eine angenehme Pflicht, allen den Herren, welche mich so bereitwillig und uneigennützig hierin unterstützten, sowie den verehrlichen Verlagshandlungen, welche mir die Aufnahme von Kompositionen in zuvorkommendster Weise gewährten, auch an dieser Stelle meinen wärmsten Dank auszusprechen.

Das Gute veraltet nie! So wird man auch hier, wie in jeder andern Sammlung, einen gewissen eisernen Bestand dieses bewährten Alten finden, der schon längst als Gemeingut des deutschen Volkes anerkannt ist. Daneben bietet das Werk thatsächlich soviel des Neuen, seien es Volkslieder, die für längere Zeit außer Kurs gesetzt waren, oder neuere volkstümlich gehaltene Lieder, daß es sicherlich jedem Gesanglehrer das zu bieten vermag, wonach er verlangt.

Die Reichhaltigkeit des Stoffes machte die Ausgabe in drei besonderen Bändchen notwendig. Der erste Band enthält ein- und zweistimmige, der zweite dreistimmige Lieder und der dritte Band umfaßt vierstimmige Schülerlieder und gemischte Chöre. Der erste Teil ist sonach für die Unter- und Mittelstufe, der zweite für die Oberstufe einfacher und gehobener Schulen und der dritte Teil nur für die Oberstufe gehobener Schulen berechnet. Dabei hat der Verfasser überall im Auge gehabt, daß ein richtiges Liederbuch auch in der Familie heimisch werden müsse, wenn es seine wahre Bestimmung erfüllen soll.

Die gemischten Chöre im dritten Band werden jedenfalls da, wo am Schluß des Schuljahres oder bei sonstigen feierlichen Veranlassungen unter gesanglicher Mitwirkung des Lehrerpersonals Schülerfeste aufgeführt zu werden pflegen, eine willkommene Gabe bilden.

Bei der großen Anzahl der mehrstimmigen Gesänge dürfte manchem die Zahl der einstimmigen Liedchen vielleicht zu gering erscheinen; in diesem Falle wird er unter den zweistimmigen leicht solche herausfinden, die sich auch einstimmig verwenden lassen. Einige beigefügte Spielliedchen für unsere Kleinsten lassen sich bei Reigen und Spiel verwerten.

Daß dem Vaterlandslied und den religiösen Gesängen ein größerer Raum wie in sonstigen Sammlungen zugeteilt wurde, erklärt sich aus dem oben angedeuteten Zweck des Werkes.

Den Verfasser leitete bei seiner Arbeit keine andere Absicht, als durch sie sein Scherflein beizutragen zu den Bestrebungen der besten Männer unseres Volkes: Die Zurückführung desselben zum Ideal, zu dem, „was deutschen Namens Ehre gewesen ein Jahrtausend lang!"

Möge sie diese Aufgabe in vollem Maße erfüllen.

Pforzheim, im Januar 1899.

Fritz Neuert.

Alphabetisches Inhaltsverzeichnis.

Zahl	Seite	Lieberanfänge	Tonsetzer	Dichter
33	42	Ade, es muß geschieden sein ...	Volksweise	
58	72	Auf dem Meer bin ich geboren ..	Volksweise	
14	19	Aufersteh'n, ja aufersteh'n	Karl Heinr. Graun	Friedr. Gottl. Klopstock
47	57	Da kommen die Knosten.	Fr. Silcher	
22	29	Der alte Barbarossa	Fr. Silcher	Friedr. Rückert
44	54	Der Hahn hat gekräht	C. Löwe	
8	11	Der Herr ist mein Hirt	Nach H. B. Klein	Choral
50	61	Die Bäume grünen überall. ...	F. Mendelssohn-Bartholdy	H. v. Fallersleben
28	35	Die Schlacht ist aus	Volksweise	Robert Burns
57	70	Die Thale dampfen, die Höhen glüh'n	K. M. v. Weber (aus Euryanthe)	Helmine v. Chézy
31	39	Die Winde wehen, das Ruder knarrt	Volksweise	Th. Haupt
43	52	Ein Morgenschimmer glüht	Fr. Silcher	Chr. Johann v. Schmidt
26	34	Es geht bei gedämpfter Trommel Klang	Fr. Silcher	Ad. v. Chamisso
60	74	Es gingen drei Jäger.	Conradin Kreutzer	
34	43	Es scheinen die Sternlein so hell ..	Volksweise	
51	63	Es tritt der Lenz zur Rose hin ..	W. Tschirch	Hilarius
42	51	Feierlicher Glockenklang hallet ...	F. Mendelssohn-Bartholdy	
21	28	Frisch auf zum Kampf fürs Vaterland	Volksweise	Volkslied
49	60	Frühling im Felde	Schwäbische Volksweise	Dr. Fr. A. Muth
13	18	Glück auf! Euch grüßt	Rob. Musiol	Christian Grüß
59	73	Hab' oft im Kreise der Lieben ...	Fr. Silcher	Ad. v. Chamisso
7	10	Harre, meine Seele, harre des Herrn	Cäsar Malan	Friedr. Räder
15	20	Heil'ge Nacht, o gieße du	L. van Beethoven	
16	21	Helle, glänzend schöne Tage....	Alte Melodie	Kirchl. Volkslied des 16. Jahrh.
32	40	Heut' muß geschieden sein	Volksweise	
35	44	Ihr Berge, lebt wohl	Volksweise	Brunner
56	68	Im Wald, im frischen grünen Wald.	C. M. v. Weber (aus Preziosa)	P. A. Wolff
55	67	Im Wald ist Frieden, im Wald ist Ruh'	Fritz Neuert	
17	22	Inmitten der Nacht	Volksweise	
20	26	Ist nicht ein wunderbares Land ..	Ernst Götze	Fritz Treugold
6	6	Jauchzet dem Herrn	Fr. Silcher	
3	3	Jehovah, deinem Namen	Joh. Karl Gerold	Gottl. Konr. Pfeffel
1	1	Lobt den Herrn! Er ist die Liebe .	Carl Zöllner	F. A. Krummacher
9	14	Mit dem Herrn fang' alles an ..	Rob. Musiol	Hohlfeldt

Inhaltsverzeichnis.

Zahl	Seite	Liederanfänge	Tonsetzer	Dichter
36	45	Morgen müssen wir verreisen . . .	Fr. Silcher	H. v. Fallersleben
19	24	Nun die deutsche Harfe wieder. . .	E. Gageur	E. v. Wildenbruch
54	66	Nun mach' mir nicht das Herz so weich	Kärnthner Volksweise	
40	49	Nur noch eine kleine Strecke . . .	Volksweise	H. v. Fallersleben
24	32	O du Deutschland	Volksweise	E. M. Arndt
53	65	O wie bricht aus den Zweigen . .	Fr. Silcher	Volkslied
12	17	O wunderbar Läuten	Volksweise	Pauline Dietschi
46	56	Seh' ich die Sterne in der Nacht . .	Volksweise	J. Arnold
10	15	Sei getreu bis in den Tod! . . .	F. Mendelssohn-Bartholdy	
48	59	So sei gegrüßt viel tausendmal . .	R. Schumann	H. v. Fallersleben
52	64	So viel der Mai auch Blümlein beut	Volksweise	H. v. Fallersleben
41	50	Süßes Ziel nach eitlem Wallen . .	C. Türk	Geußler
5	5	Trittst im Morgenrot daher . . .	A. Zwyssig	L. Widmer
29	36	Umrauschen auch Freuden	Engl. Volksweise	
4	4	Vater! hör' mein Fleh'n	J. H. Breitenbach	
18	23	Vater, wir flehen dich	Alexis Lwoff	H. Grunholzer
45	55	Viel tausend Sterne prangen . . .	W. Tschirch	M. Schneider
23	30	Was glänzt dort vom Walde im Sonnenschein	C. M. v. Weber	Theod. Körner
30	37	Was Heimat ist, kann ich nicht sagen	Volksweise	
37	46	Was willst du in der Fremde thun .	Volksweise	Volkslied
39	48	Wenn alles wieder sich belebet . .	Volksweise	Volkslied
38	46	Wie ist die Trennung doch so schwer	Volksweise	Volkslied
11	16	Wie mit grimm'gem Unverstand . .	Jul. Dürrner	Joh. Dan. Falk
2	2	Wir glauben all' an einen Gott . .	Hans Georg Nägeli	Blaß
25	33	Zu Straßburg auf der Schanz . .	Fr. Silcher	Aus „Des Knaben Wunderhorn"
27	35	Zwei Särge einsam stehen	Volksweise	Volkslied

6. Jauchzet dem Herrn.

Friedrich Silcher.

7. Harre des Herrn.

Soli; Wiederholung Chor.

1. Sei unverzagt, bald der Morgen tagt, und ein neuer Frühling folgt dem Winter nach. In allen Stürmen, in aller Not wird er dich beschirmen, der treue Gott.
2. Wenn alles bricht, Gott verläßt uns nicht; größer als der Helfer ist die Not ja nicht. Ewige Treue, Retter in Not, rett' auch unsre Seele, du treuer Gott.

Friedr. Räber.

8. Der Herr ist mein Hirt.

Mäßig. *Nach H. B. Klein.*

Der Herr ist mein Hirt; mir wird nichts mangeln. Er weidet

10. Zur Konfirmation.

14. Die Auferstehung.

Feierlich froh. Karl Heinrich Graun.

1. Auf-er-steh'n, ja auf-er-steh'n wirst du, mein Staub, nach kur-zer Ruh'! Un-sterb-lich Le-ben wird, der dich schuf, dir ge-ben. Hal-le-lu-ja! Hal-le-lu-ja!
2. Wie-der auf-zu-blüh'n werd' ich ge-sät! Der Herr der Ern-te geht und sam-melt Gar-ben uns ein, uns ein, die star-ben. Hal-le-lu-ja! Hal-le-lu-ja!
3. Tag des Danks, der Freu-den-thrä-nen Tag, du mei-nes Got-tes Tag! Wenn ich im Gra-be ge-nug ge-schlum-mert ha-be, er-weckst du mich, er-weckst du mich.
4. Ach, ins Al-ler-hei-lig-ste führt mich mein Mitt-ler dann; lebt' ich im Hei-lig-tu-me zu sei-nes Na-mens Ruh-me! Hal-le-lu-ja! Hal-le-lu-ja!

Friedrich Gottlieb Klopstock.

15. Hymne an die Nacht.

Langsam und mit Ausdruck. Ludw. van Beethoven.

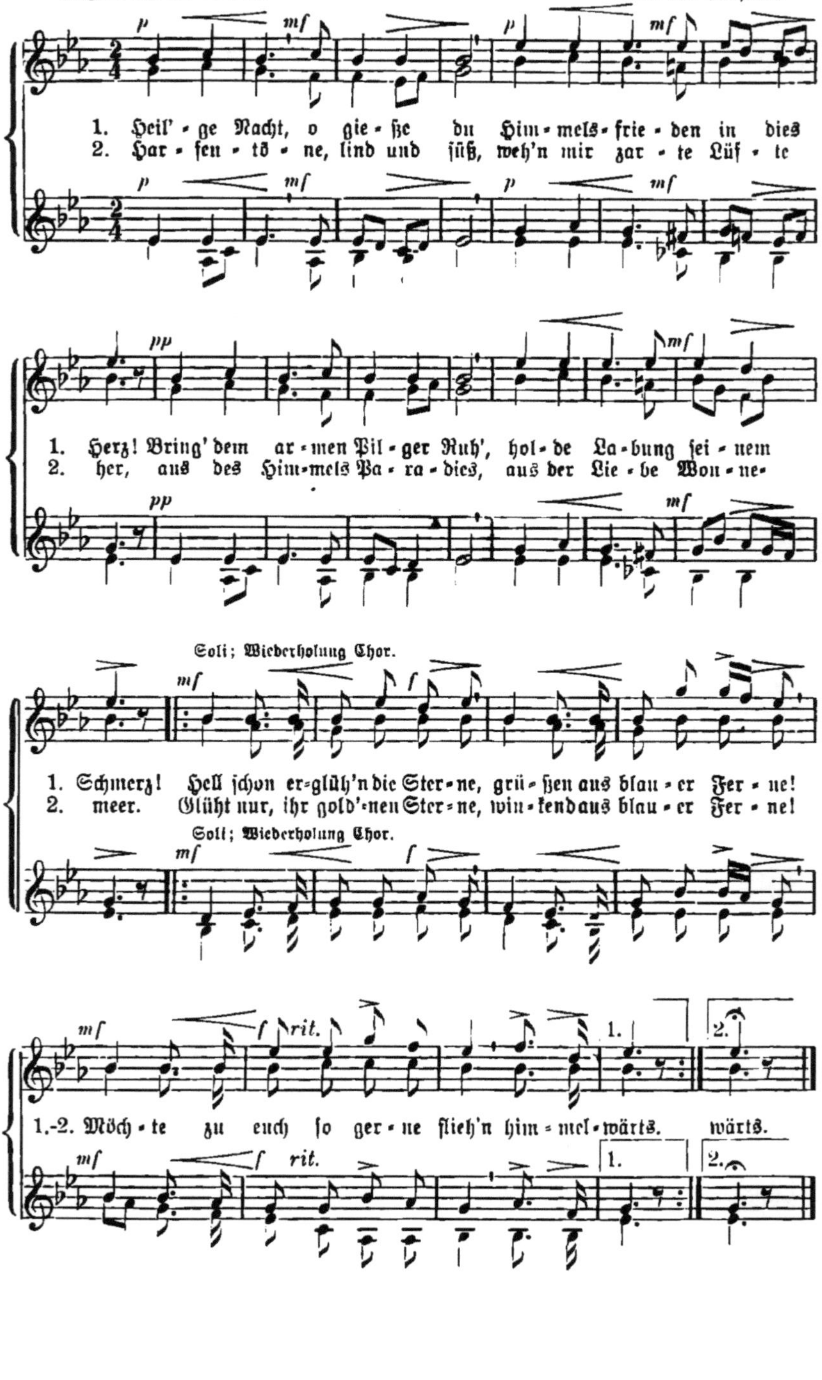
1. Heil' - ge Nacht, o gie - ße du Him - mels - frie - den in dies
2. Har - fen - tö - ne, lind und süß, weh'n mir zar - te Lüf - te
1. Herz! Bring' dem ar - men Pil - ger Ruh', hol - de La - bung sei - nem
2. her, aus des Him - mels Pa - ra - dies, aus der Lie - be Won - ne-
Soli; Wiederholung Chor.
1. Schmerz! Hell schon er-glüh'n die Ster - ne, grü - ßen aus blau - er Fer - ne!
2. meer. Glüht nur, ihr gold' - nen Ster - ne, win - kend aus blau - er Fer - ne!
Soli; Wiederholung Chor.
rit.
1.-2. Möch - te zu euch so ger - ne flieh'n him - mel - wärts. wärts.

Weihnachtslied.

Fröhlich. *Volksweise.*

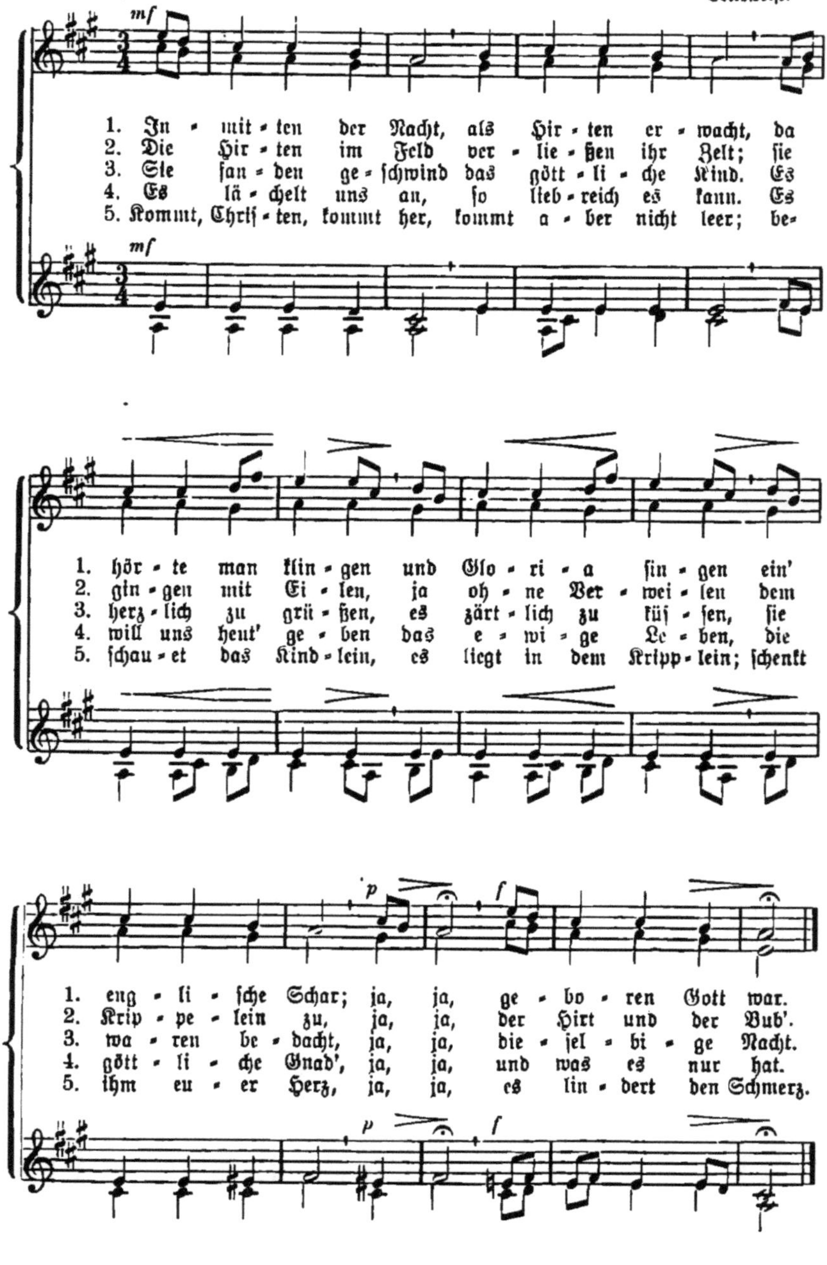

1. Inmitten der Nacht, als Hirten erwacht, da hörte man klingen und Gloria singen ein' englische Schar; ja, ja, geboren Gott war.
2. Die Hirten im Feld verließen ihr Zelt; sie gingen mit Eilen, ja ohne Verweilen dem Krippelein zu, ja, ja, der Hirt und der Bub'.
3. Sie fanden geschwind das göttliche Kind. Es herzlich zu grüßen, es zärtlich zu küssen, sie waren bedacht, ja, ja, dieselbige Nacht.
4. Es lächelt uns an, so liebreich es kann. Es will uns heut' geben das ewige Leben, die göttliche Gnad', ja, ja, und was es nur hat.
5. Kommt, Christen, kommt her, kommt aber nicht leer; beschauet das Kindlein, es liegt in dem Kripplein; schenkt ihm euer Herz, ja, ja, es lindert den Schmerz.

*) Originalkomposition.

20. Deutschland.*)

1. Ist nicht ein wun-der-ba-res Land, das Land vom Fels zum Mee-res-
2. Ist's nicht ein wun-der-ba-res Land, das schirmt des Höch-sten star-ke
3. Ist nicht ein wun-der-ba-res Land das gro-ße, deut-sche Va-ter-

1. strand? ... im Nor-den Der Sü-den baut sich auf so hehr,
2. Hand? ... viel hol-de Hier weht der Frei-heit fri-sche Luft,
3. land? ... daß ich mein All-mächt'-ger Gott im Him-mel, gieb,

Der Sü-den baut sich, baut sich auf so hehr,
Hier weht der Frei-heit, Frei-heit fri-sche Luft,
Allmächt'-ger Gott im Him-mel, gieb, o gieb,

Der Sü-den, Sü-den baut sich auf so hehr,
Hier weht, hier weht der Frei-heit fri-sche Luft,
All-mächt'-ger Gott im Him-mel, gieb, o gieb,

1. Der Sü-den baut, der Sü-den baut sich, baut sich auf so hehr,
2. Hier weht der Frei-heit, weht der Frei-heit, Frei-heit fri-sche Luft,
3. Allmächt'ger Gott, allmächt'ger Gott im Him-mel, gieb, o gieb,

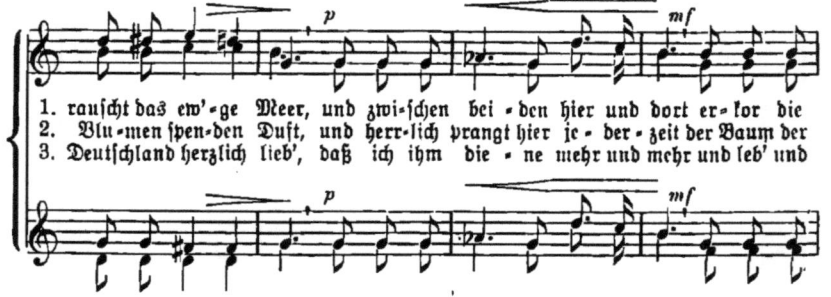

1. rauscht das ew'-ge Meer, und zwi-schen bei-den hier und dort er-kor die
2. Blu-men spen-den Duft, und herr-lich prangt hier je-der-zeit der Baum der
3. Deutschland herzlich lieb', daß ich ihm die-ne mehr und mehr und leb' und

Originalkomposition.

1. ſetzt, zum Schlaf ſich hin-ge-ſetzt.
2. ſtützt, wo-rauf ſein Haupt er ſtützt.
3. winkt, er ei-nem Kna-ben winkt.
4. Jahr, ver-zau-bert hun-dert Jahr."

Friedr. Rückert.

23. Lützows wilde Jagd.

Feurig und ſchnell. Carl Maria v. Weber.

1. Was glänzt dort vom Wal-de im Son-nen-ſchein? Hör's
2. Was zieht dort raſch durch den fin-ſtern Wald? Was
3. Wo die Re-ben glü-hen, dort brauſt der Rhein, der

1. nä-her und nä-her brau-ſen. Es zieht ſich her-un-ter in
2. ſtreift von Ber-gen zu Ber-gen? Es legt ſich in nächt-li-chen
3. Wüt'rich ge-bor-gen ſich mein-te; da naht es ſchnell wie Ge-

1. düſ-te-ren Reih'n und gel-len-de Hör-ner er-ſchal-len da-
2. Hin-ter-halt, das Hur-ra jauchzt und die Büch-ſe
3. wit-ter-ſchein, und wirft ſich mit rüſ-ti-gen Ar-men hin-

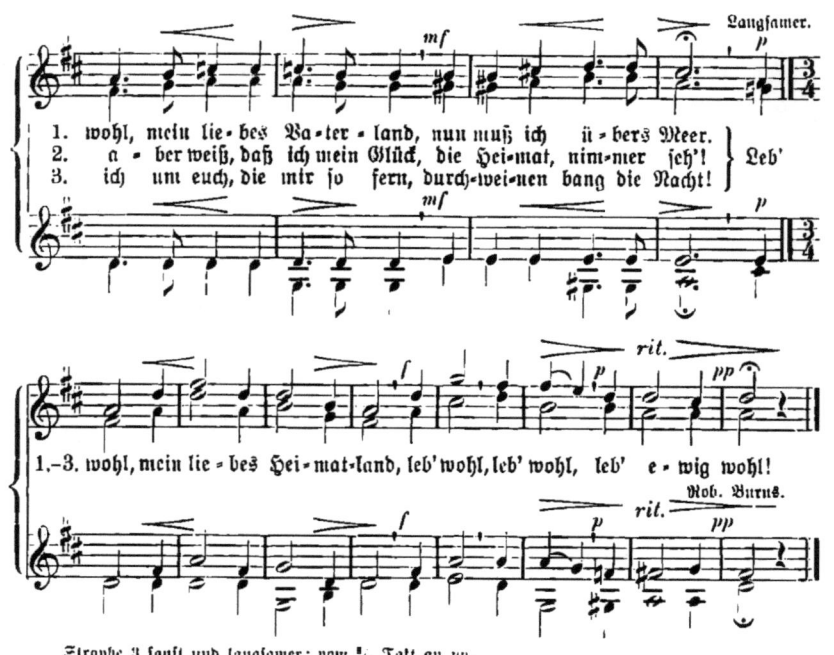

Strophe 3 sanft und langsamer; vom ³/₄ Takt an *pp*.

29. Die Heimat.

40. Heimkehr.

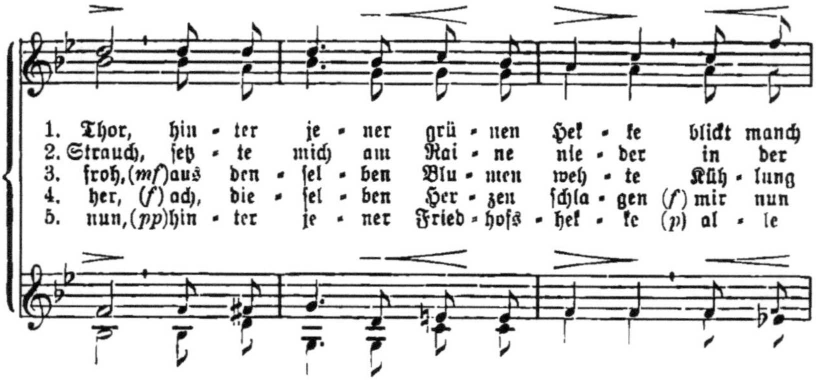
1. Thor, hin - ter je - ner grü - nen Hek - ke blickt manch
2. Strauch, setz - te mich am Rai - ne nie - der in der
3. froh, (mf) aus den - sel - ben Blu - men weh - te Küh - lung
4. her, (f) ach, die - sel - ben Her - zen schla - gen (f) mir nun
5. nun, (pp) hin - ter je - ner Fried - hofs - hek - ke (p) al - le

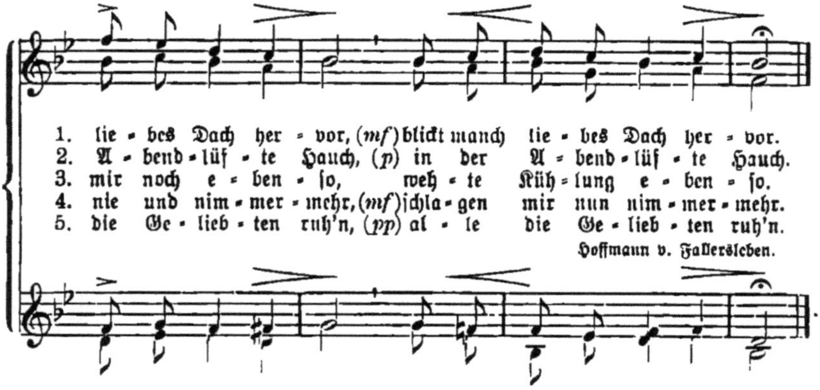
1. lie - bes Dach her - vor, (mf) blickt manch lie - bes Dach her - vor.
2. A - bend - lüf - te Hauch, (p) in der A - bend - lüf - te Hauch.
3. mir noch e - ben - so, weh - te Küh - lung e - ben - so.
4. nie und nim - mer - mehr, (mf) schla - gen mir nun nim - mer - mehr.
5. die Ge - lieb - ten ruh'n, (pp) al - le die Ge - lieb - ten ruh'n.
Hoffmann v. Fallersleben.

41. Wanderers Heimkehr.*)

C. Türk.

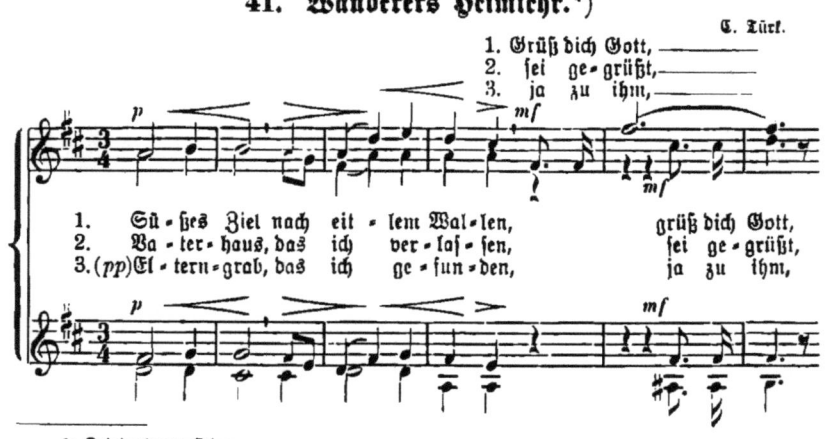

1. Grüß dich Gott,
2. sei ge - grüßt,
3. ja zu ihm,
p
mf
1. Sü - ßes Ziel nach eit - lem Wal - len, grüß dich Gott,
2. Va - ter - haus, das ich ver - las - sen, sei ge - grüßt,
3. (pp) El - tern - grab, das ich ge - fun - den, ja zu ihm,

*) Originalkomposition.

1. Klang hallet durch die stillen Felder; leise rauschen ferne
2. müt, wie ich blickte in die Weite, ob ein Engel mir zur
3. weht, füllt mein Aug' mit Andachtsthränen; meiner Seele heil'ges

1. Wälder einen hehren Lobgesang, einen hehren Lobgesang.
2. Seite betend durch die Auen zieht, betend durch die Auen zieht.
3. Sehnen hebt zu Gott sich im Gebet, hebt zu Gott sich im Gebet.

43. Der Morgen.

Frisch bewegt. F. Silcher.

1. Ein Morgenschimmer glüht, die Nacht ist schon ver-
2. Hört, wie es fröhlich schallt; die Lerche schwingt nach
3. Da hebt's zu zwitschern an, da flattert's auf den
4. Wie ist die Welt so schön! Ihr sollt allein nicht

44. Steh' auf.

Munter. Nach einem Lied von C. Löwe.

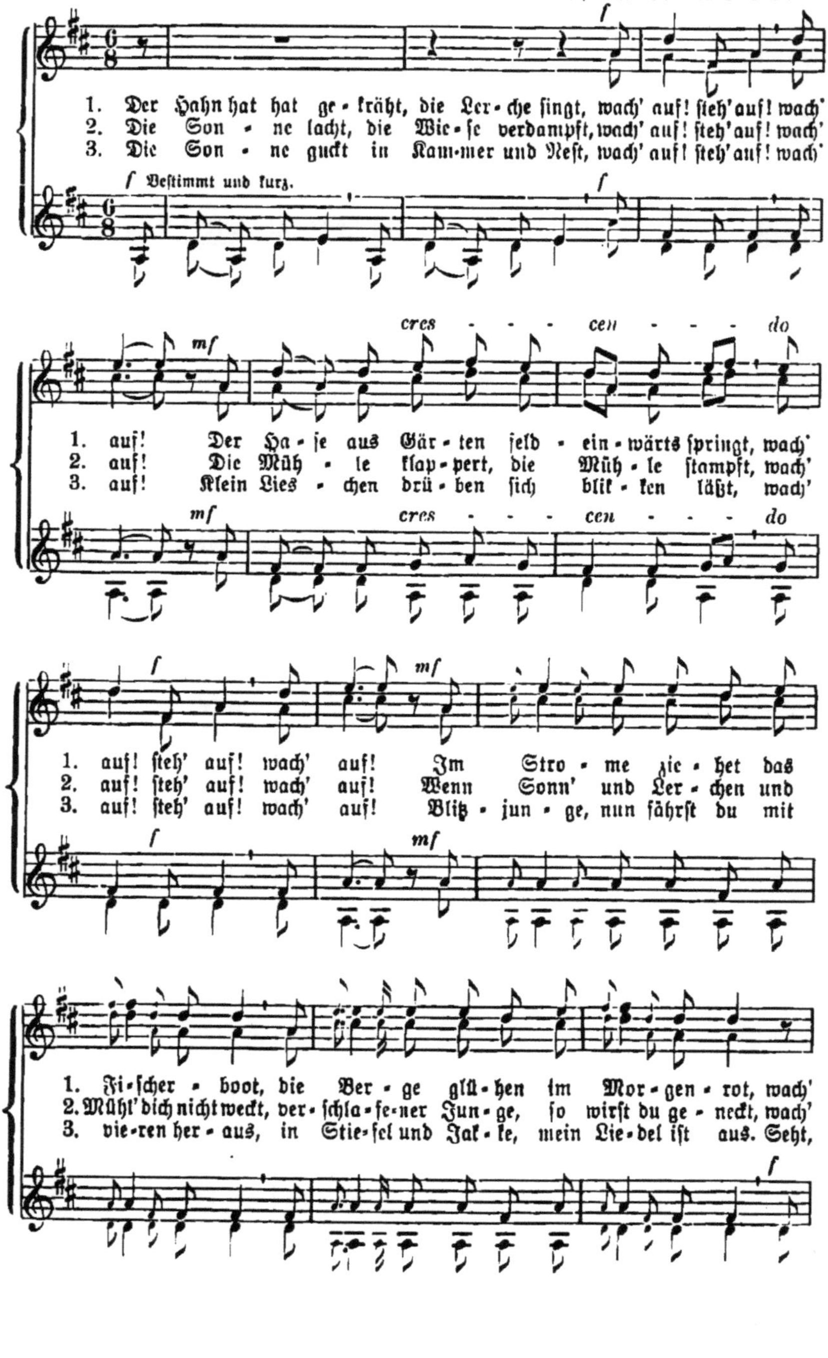
f
1. Der Hahn hat hat ge - kräht, die Ler - che singt, wach' auf! steh' auf! wach'
2. Die Son - ne lacht, die Wie - se verdampft, wach' auf! steh' auf! wach'
3. Die Son - ne guckt in Kam - mer und Nest, wach' auf! steh' auf! wach'
f Bestimmt und kurz.
f
mf
cres - - - cen - - - do
1. auf! Der Ha - se aus Gär - ten feld - ein - wärts springt, wach'
2. auf! Die Müh - le klap - pert, die Müh - le stampft, wach'
3. auf! Klein Lies - chen drü - ben sich blik - ken läßt, wach'
mf
cres - - - cen - - - do
f
mf
1. auf! steh' auf! wach' auf! Im Stro - me zie - het das
2. auf! steh' auf! wach' auf! Wenn Sonn' und Ler - chen und
3. auf! steh' auf! wach' auf! Blitz - jun - ge, nun fährst du mit
f
mf
1. Fi - scher - boot, die Ber - ge glü - hen im Mor - gen - rot, wach'
2. Mühl' dich nicht weckt, ver - schla - fe - ner Jun - ge, so wirst du ge - neckt, wach'
3. vie - ren her - aus, in Stie - fel und Jak - ke, mein Lie - del ist aus. Seht,
f

46. Die Sterne.

1. Seh' ich die Ster-ne in der Nacht am Him-mel
2. Und schau'n sie freund-lich auf mich hin, möcht' ich hin-
3. Es schifft auf ih-rer stil-len Bahn vor-auf des
4. So zieh'n, als Wäch-ter hin-ge-stellt, sie fröh-lich
5. Fahrt wohl, ihr Stern-lein in der Nacht, die so ge-

1. steh'n in ih - rer Pracht, senkt sich des Frie - dens sel' - ge
2. auf zu ih - nen zieh'n, ge - taucht in ih - res Lich - tes
3. Mon - des Sil - ber - kahn; um ihn ge - schart ein zahl - los
4. um die wei - te Welt; in schwe - rem Leid ein Trost so
5. treu ihr glänzt und wacht; bei eu - rem mil - den Strahlen-

1. Lust von ihm her - ab in mei - ne Brust. Brust.
2. Strahl mit - wan - dern ü - ber Berg und Thal. Thal.
3. Heer, durch - fah - ren sie das dunk - le Meer. Meer.
4. mild, im Glück der ew' - gen Gü - te Bild. Bild.
5. schein schlaf' ich so sanft und ru - hig ein. ein.

J. Arnold.

47. Frühlingslied.

Heiter.   Friedrich Silcher.

1. Da kom - men die Knos - pen, die herr - li - chen all', die
2. Und se - lig er - wach' ich aus nächt - li - cher Ruh', kaum

60. Der weiße Hirsch.